정유경 시집

연하리를 닮다

연하리를 닮다

인쇄 · 2025년 7월 22일 | 발행 · 2025년 7월 28일

지은이 · 정유경
펴낸이 · 한봉숙
펴낸곳 · 푸른사상사

주간 · 맹문재 | 편집 · 지순이, 김수란 | 마케팅 · 한정규
등록 · 1999년 7월 8일 제2-2876호
주소 · 경기도 파주시 회동길 337-16(서패동 470-6) 푸른사상사
대표전화 · 031) 955-9111(2) | 팩스 · 031) 955-9114
이메일 · prun21c@hanmail.net
홈페이지 · http://www.prun21c.com

ⓒ 정유경, 2025

ISBN 979-11-308-2304-1　03810
값 12,000원

- 저자와의 합의에 의해 인지는 생략합니다.
- 이 도서의 전부 또는 일부 내용을 재사용하려면 사전에 저작권자와 푸른사상사의 서면에 의한 동의를 받아야 합니다.
- 이 도서의 표지와 본문 레이아웃 디자인에 대한 권리는 푸른사상사에 있습니다.

이 도서는 강원특별자치도, 강원문화재단 후원으로 발간되었습니다.

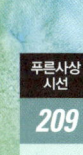
푸른사상
시선
209

연하리를 닮다

정유경 시집

| 시인의 말 |

아이들은 위대한 산이었다

미지의 신세계였다
거친 길, 부드러운 길, 가파른 바위, 길도 없는 벼랑
그러나 길은 늘 오르는 곳으로 나 있었다
계곡물 소리 경쾌하고 온갖 꽃으로 뒤덮인 비밀의 정원
장쾌한 능선, 웅장한 원시림도 있었다.

정상으로 가는 길 중간쯤에서 우리는 헤어진다
산은 나를 내려놓고 제 안에 있던 길을 따라 제 길을 간다
감았던 눈 뜨고 간다
눈 감고도 제 길 안다.

2025년 봄. 연하리에서
정유경

| 차례 |

■ 시인의 말

제1부 자라고 자라나고

눈물 흘리는 날이 잦아졌다	13
봄 1	14
봄 2	15
반짝이는 순간	16
덩굴손 아이	17
하이톤 올리브영	18
말 던지기	20
아빠가 고파요	22
하늘집	24
바람의 아이	26
그때까지	28
주민설명회	30
상처의 자기증식	32
토요일	34
난 아니야	36
입춘	38
슬픔이 길을 가르쳐주기도 하던데요 — 명절 차례	40

이별 후 43
끌어안다 44
20년, 보통 가족 46

제2부 연하리

풀은 키를 절제한다 51
클로버의 식민 전략 52
연하리를 닮다 54
휘파람새 56
소리 58
봄 3 60
쑥버무리 61
낙화 62
집중호우 64
여름 풍경 65
환삼덩굴 66
이름 냄새 68
옥동천(玉洞川) 69

| 차례 |

물봉선 피는 아침　　　　　　　　70
수녀님의 농사　　　　　　　　　72
가을 풍경　　　　　　　　　　　74
눈부시다　　　　　　　　　　　　75
만항재　　　　　　　　　　　　　76

제3부 빛이 지나가다

균형　　　　　　　　　　　　　　79
빛이 지나가다　　　　　　　　　80
하느님의 숨바꼭질　　　　　　　82
엄마 손　　　　　　　　　　　　84
거리 시화전　　　　　　　　　　85
그녀를 만나다　　　　　　　　　86
도로와 길　　　　　　　　　　　88
고백성사　　　　　　　　　　　　89
괜찮아　　　　　　　　　　　　　90
피카소 피카소 피카소
— 피카소의 〈모자 쓴 여인의 두상〉을 모사하면서　　92
새끼손가락　　　　　　　　　　94

제4부 목마르다

끝	97
성탄절	98
플라스틱 꿈	100
감포 방생(放生)	102
정담(情談)	103
애들아, 용서하지 마라 — 2014년 4월 16일 세월호 참사에 부쳐	104
하루에 한 아기가 베이비박스에 버려진다고	106
치매 병동	107
푸른 거울	108
봄 4	110
목마른 동강 축제	112
자본보안법	114

■ **작품 해설**
인생 최고의 선물은 무엇인가
— 우리는 '다른 인생'과 연결되기 위해 읽고 쓴다 _ 이문재   115

제1부

자라고 자라나고

눈물 흘리는 날이 잦아졌다

나뭇가지가 한 뼘씩 키를 키우고 있다
붙어 있던 줄기에서 조금씩 멀어져
안간힘으로 나아가는 중
힘센 수액에 밀려 정신없이 나가다가
꽃샘추위에 덜미 잡혀
반 발 물러났다
다시 한 발 앞으로

매일 조금씩 멀어지는 연습
성장판 열린 아이가
신열로 앓는 밤

봄 1

날씨가 매일
울었다 웃었다
아이들도 매일
울었다 웃었다
그러거나 말거나
벚꽃 피고 벚꽃 지고
바람 따라 바람꽃 피고
진달래 피고 진달래 지고
고개 쳐든 동강할미꽃 피고
고개 숙인 자주할미꽃도 피었다 졌다

아이들도 하나씩
회오리바람으로 맹렬히 휘몰아치다가
꽃잎 떨어지듯 뚝뚝 떨어지기도 했다
피고 지고
피고 졌다

그리고 이제
제 갈 길 스스로 안다

봄 2

 겨드랑이에 날개가 돋친 것이 분명해 날개가 돋쳐 간질간질할 때마다 중3 아이는 2박 3일 어디론가 사라졌지 찾아서 데려오면 또다시 사라지지 달래고 어르고 맛있는 것 먹이고 창궐하는 코로나19를 무릅쓰고 바닷가로 여행도 다니고 칭찬하고 이해하고 마음 맞춰줘도 돋친 날개는 어쩔 수 없나 봐 봄바람 거세게 불던 날 날아가버렸어 신고하고 연락하고 찾고 데려오던 나는 이제 할 일이 없어졌어 환장하게 봄꽃만 흐드러졌지
 그냥 봄이었어

반짝이는 순간

 아이가 다니는 학교 행복문화부장 선생님께서 행복하지 않은 전화를 하셨다 아이가 싸우는 친구들을 말리다가 도리어 공격을 받자 화가 나서 친구를 때렸다 친구의 눈탱이가 밤탱이가 되어 병원에 가고 친구 부모님은 사건을 경찰에 신고했다 아이들을 분리해야 하니 기숙사에서 아이를 데려가라고 한다

 에듀버스 시외버스 기차 시내버스를 갈아타며 주말에 집에 오고 월요일에 학교에 가는 아이를 데리러 두 시간을 달렸다 머릿속 생각들이 에듀버스 시외버스 기차 시내버스를 갈아탔다가 다시 시내버스 기차 시외버스 에듀버스로 갈아타고 왔다가 갔다 학교에 도착하니 아이는 기세등등하고 선생님은 걱정이 많으시다

 돌아오는 차 안에서 주눅 든 목소리로 아이가 말한다 제가 너무 심했어요 끝까지 참았어야 했어요 말리는 사람을 오히려 발로 차고 밟았으니 참기는 힘들었겠다 하지만 너무 세게 때렸네 멍들고 부은 네 다리도 치료받아야겠다 어정쩡한 내 말에 아이는 금세 환해져 참새처럼 조잘댄다

덩굴손 아이

 식구 된 지 한 달 된 아이

 태권도를 잘한다고 자랑하더니 역도 선수가 되었다 주말마다 동네 아이들과 우르르 몰려다니며 축구하더니 내일부터는 풋살 선수다 다른 학교 아이들과 싸워서 학교선도위원회, 반 아이 때려서 학교폭력위원회, 선생님께 시비 걸고 욕해서 교권위원회, 날마다 위원회꽃을 피운다

 담배를 나눠 피우기에는 한밤 으슥한 공원이 좋다 남자친구 오토바이 뒷좌석은 스릴 만점이다 규칙을 뛰어넘는 일은 짜릿하다 말리는 꼰대는 다 적(敵)이다 적을 향한 분노는 망설임이 없다 순식간에 타오른다 다 태워버린다 다 쓸어버린다

 한 생각이 끝나기도 전에 다른 생각이 번개처럼 찾아온다 수만 가지 질문을 쏟아놓지만 아무 답도 필요 없다 나를 낳은 엄마는 예뻤을까 기억의 끝에 있는 허기가 덩굴손이 되었다 뿌리는 더 이상 내리지 않는다 내 옆에 있는 누구든 휘감고 나아가면 그만이다 내 허기를 채워주려 나대지 마라 내 허기는 내가 해결한다

하이톤 올리브영

세상의 온갖 향내가
사람들을 유혹하는
올리브영

매장을 부지런히 오가며 설명해주는
친절한 직원
어떤 화장품이 맞는지
물어보고 발라보고 다시 물어보는 아이
설명하고 또 하고
한 바퀴 돌고 다시 와서 설명하고 찾아주는
하이톤으로 즐거운 직원

골똘히 연구하다
드디어 선택한 화장품
결제하려고 줄 선 내게
갑자기 얼굴 바짝 들이민 아이
이모 고마워요
뜬금없는 하이톤 애교에

계산대 앞에 길게 줄 선 사람들
환하게 미소 짓고
바빠서 정신없던 직원
하얀 이 드러내고 웃는
인기 만점
하이톤 올리브영

말 던지기

툭툭 던지기
말 던지기

방금 한 약속 가볍게 버리고
거짓말 각본을 짜고
엄청난 돈을 요구하는 연기는 실감 나게
불쌍한 척 남의 마음을 들었다 놓았다
바람처럼 집을 들락거리는
매일 사고를 치고 금방 잊는
어른의 너그러움과 친절은 당연해서
언젠가는 꽃이 필 것이 확실한
지금은 어둠인 아이
그 아이와 만나는 문

툭툭
더 이상 관심 없다는 듯
말 던지기
화내지 않기

새벽에 사라진 아이 행방을 찾아
핸드폰으로 가는 손가락을 접고
발밑으로 뿌리내리기
견디기

때가 되면
아무 일도 없었다는 듯 문자를 보내
저녁 같이 먹을래?

아빠가 고파요

아빠는 술을 술술 마시더니
술의 세상으로 건너가버렸어요
아빠가 잠깐 이 세상으로 돌아올 때도 있었어요
멍하게 나를 바라보다 금방 떠나버리긴 하지만요

제 이마의 흉터요?
아빠가 던진 쓰레받기에 맞은 거예요
피가 샘물처럼 퐁퐁 솟아났지요
아니에요 아빠는 나를 때린 게 아니에요
아빠는 아빠를 때린 거래요

비밀을 지켜줄래요?
시뻘건 불을 뿜는 화산이 내 안에 있어요
아빠에게 맞은 아빠가 끝도 없이 뿜어내는 불덩이요
그러니까 내 곁에 가까이 오지 말아요
다친다니까요

나는 만날 배가 고파요

아빠가 고파요

먹을 것 좀 주세요

아빠를 좀 주세요

아빠가 아빠를 안 줘요

빌어먹을

아빠가 보고파요

하늘집

하늘집에는
이제 바람이 불지 않니?
네 등 뒤에서 늘 불던 그 바람 말이야

중학생 예쁜 소녀는
나뭇잎처럼 흔들렸지
어느 날 갑자기 사라졌다가
불쑥 나타나곤 했지
태풍에 휩쓸려 상처가 나기도 하고
잔잔한 미풍에 한없이 떠돌기도 하고
방향을 몰라 길을 잃기도 했지

네 하늘집에는
이제 네가 디딜 땅이 있니?
땅 한 뼘 없어
허공에 발을 올리고 버둥거렸지
네 발자국 찍힐 때마다
땅은 몸서리치면서 너를 밀어냈지

이제 안 거야
땅도 평등하지 않다는 걸
부모가 미리 달래서 엎어놓고 길들여놓지 않으면
언제든 가진 자의 손에 들어가
길길이 날뛰며 밀어낸다는 걸

바람 불고 비 오는 이승에서
살아내느라 바빴던
내 눈물은
네게 아무런 득도 되지 못하고
가루되어 사라지는 네 몸은
안개처럼 아득한데

* 고독사한 아이의 장례식장에서.

바람의 아이

태풍이 또
내 깊숙한 곳을 뒤집어놓았다
집을 나가야겠다
돌아온 지 한 달
누구의 것이든 상관없다 돈을 챙겨야 한다
또다시 돌아오겠지
그러나 귀가는 아니다
그곳으로부터 이곳으로 흘러오는 것뿐

엄마는 본디 바람이었다
흔적도 없이 사라졌다가
소식도 없이 내 앞에 서 있곤 했다
엄마가 넣어준 바람이 내 혈관 구석구석을 돌아다니지
구멍이 숭숭 뚫린 몸속에서부터
발밑 허공, 그 너머까지

사람들이 있는 곳에서는
내 몸뚱이를 어디에 두어야 할지 모르겠어

곧 떼어내야 할 껌딱지나 묵은 때 같아
빨리 사라져야 할 의무, 그 절박함이라니
그래서 나는 자꾸
사라진다
바람처럼
엄마처럼

그때까지

파도는
늘 네 키를 넘어 덮쳤고
내동댕이쳐진 네 작은 몸을 구해줄
아무도 없었다
갈매기가 제 먹이인 줄 알고
부리로 쿡쿡 찌를 때
꿈틀했을 뿐
눈물은 나오지 않았다

그날도
파도는 흰 이빨을 드러내며 돌진했다
갑자기
울음이 터져 나왔다
쩍쩍 갈라져 황폐한 네 어디에서
그 많은 물들이 있었을까
울음은 그쳐지지 않았다
3일 밤낮을 소리 내어 울어도
온몸 구석구석
걷잡을 수 없이 터지던

눈물의 샘들

죽은 줄 알았던
억울함이
서러움이
두려움이
입 벌린 상처가
거침없이 네 몸을 빠져나왔다

그러나
아직은 심연(深淵)
깜깜한 이곳을 지날 때까지
네 손을 놓지 않으마
햇빛이 마침내
네 앞에 다다라
눈부신 네 모습을
네가 보게 되는 그때,
스스로 손을 놓고 걸어갈
그때까지

주민설명회

 마을회관에서 초등학교 통폐합 주민설명회 열렸다 교육지원청 계장이 학생 수가 적으니 학교를 자진 폐교하면 아이들, 마을, 정부 다 좋아진다며 선심 쓰듯 달콤한 숫자 내놓는다 가을 엄마 손 번쩍 든다 시내 큰 학교 폐교하고 그 학교 아이들 '자진폐교지원금'으로 우리 학교 와서 공부하면 어떻겠냐고 산 좋고 물 좋고 인심도 좋으니 정서교육 하나는 그만이라고 제안한다 주민들 우레와 같은 박수 보낸다 작년에 서울에서 이사 온 준이 아빠 일어난다 아무려면 아이가 제 엄마 젖 먹는 것이 좋지 이웃집 아줌마 젖 얻어먹는 것이 좋겠냐고 어처구니없어 한다 그럼, 그렇고말고 이 학교를 우리가 어떻게 지었는데 마을 사람 모두 한 삽 한 삽 떠서 지은 학곤데 이리 허무하게 문 닫느냐고 학교 문 닫으면 이 마을에 더는 젊은 사람 들어오지도 않을 텐데 늙은이끼리 좋기는 뭐가 좋냐고 성민이 할아버지 역정 내신다 학교 이야기만 나오면 깜짝깜짝 놀라 자다가도 깬다니까 학교 앞에 사는 정씨, 가슴을 쓸어내린다 학생 수에 비해 돈이 너무 많이 들어간다며 계장이 내어놓은 두 번째 숫자가 제 잇속만 챙기는 아이 꾸중하듯 미안함을 강요한다 안 해도 되는 도로 건설과 무슨 무슨 개발은 수십억 들여 잘도 하더니만 시골 아이들 공부 가르치는 데 드는 돈이 그렇게 아깝냐고 우리도 대한민국 국민인데 교육비 쓸 권리 있다고, 계속해서 입학생이 있는데 어떻게 학교를 폐교하냐고 현주 이모 목소리 높인다 폐교 인수해서 사업하고 싶은 사람들 교통 좋고 학생 수 작은 우리 학교 자꾸 입질하는데 그래, 어른이 되어가지고, 아이들 공부하는 학교 빼앗아서 그 사업 잘되는지 두고 보자고 강씨 아주머니 분기탱천 목소리까지 떨린다 자, 자 흥분하지 마시고, 이장이 장내를 정리하니, 저는 중립입니다 마을 분들 의견이 중요합니다 계장이 슬쩍 한 발 뺀다 그럼, 처음부터 그랬어야지 오랜만에 만났으니 막걸리나 한잔하세 마을 주민들 허허 웃으며 얼굴도 다시 보고 악수도 새로 하지만 내년에 똑같은 설명회 다시 열릴 거라는 것 다 안다

상처의 자기증식

아이들을 데리고 병원에 간다
두 아이는 정신건강의학과
한 아이는 소화기내과

아이들은
얻어들은 자신의 출생과
부모와의 짧은 기억을
녹음기처럼 되풀이한다
부모가 떠난 자리는 아무도 들어갈 수 없어
늘 허공인데
그 허공이 자주
아이들의 머리채를 잡고 흔든다

정신과 진료실은
예약 시간보다 늘 더 기다려야한다
몇 마디의 위로와 몇 알의 약을 위해
하염없이 기다리는 사람들 속에서
아무렇지도 않은 듯

흐릿한 눈으로

식도에서 장까지
아무 때나 지속적으로 염증이 생긴다는
이름도 낯선 크론병을 가진 아이
식도, 위장, 간, 소장, 대장을 내시경으로 샅샅이 훑어보고
초음파를 찍고, 정밀 조직 검사를 했는데도
치료법이 나오지 않는다
몇 통의 혈액을 빼서 미국으로 보내 결과를 기다려야 한다
새어머니가 싫어서 거리에서 자유를 만끽한 대가인가

가슴이 뻥 뚫린 아이들과
뱃속이 온통 헐어버린 아이의 손을 잡고
일주일에 3일씩 병원을 오가는 길
피어오르는 열대성 저기압의 후텁지근한 열기가
내 가슴조차 뚫어놓더니
내 뱃속도 허는지
자꾸만 속이 쓰리다

토요일

수면 부족이 분명하다
잠을 깨면 빙빙 도는 세상
어지럼증을 잠시 달래고 주방으로 향하는 여자
두 번, 세 번, 네 번…
주방과 방을 시계추처럼 왔다 갔다 한다
토요일에도 학교에 가야 하는 중학생 아이 깨워
밥 먹여 학교 보내고
설거지 청소 개밥 주기 방정리 빨래
초등 아이 양치질 옷입기를 참견하고
집수리하는 아저씨들에게 오늘 작업 부탁한다

토요일로 미뤄놓았던 고등학생 아이의 치아 교정을 위해
이웃 도시의 치과병원까지는 버스로 한 시간
병원에서 두 시간을 더 기다려 치아 교정을 한다
집에 돌아오면 배고픈 강아지 죽어라 짖어대고
도배하던 아주머니 커피 달라 하는데
달콤한 휴식 즐기던 아이들 부스스한 얼굴로 나온다

텔레비전 앞에만 앉으면
엉덩이에 자석이 생겨나 꼼짝 못 하는 아이들
억지로 떼어내어 저녁 먹이는 여자
건성건성 먹고는 다시 텔레비전 앞에서 요지부동인 아이들
자정을 넘은 시간, 등 떠밀어 잠자리로 보내고
컴퓨터 앞에 앉는다
수북이 쌓인 보고서와 서류 작업들

새벽 2시, 파르르 제멋대로 떨리는 몸
아이들에게는 놀토이고 여자에게는 일토인 하루가
가물가물 잠 속으로 사라지는데
한쪽만 무거워 기우뚱한 저울처럼
잠에 취한 몸이 자꾸만 기울어진다

난 아니야

누가
창고에 넣어둔
내 프라이팬을 달구었을까?

빨간 시간
파란 시간
노란 시간들이
팝콘처럼 튀어나오네

밀봉된 시간 알갱이들
커다랗게 부풀어
쉽게도 툭툭 터지네
눈, 코, 귀, 입 가려지고
손발 묶인 속엣 것들
사방으로 튀네 아무데나 튀네

글쎄, 누가 내 프라이팬을 달구었을까?

조용히 하라고 했지?
너희는 이 세상에 없는 거야

그런데, 누가 내 프라이팬을 달구었을까?

꾹꾹꾹
밀어 넣는 내 힘이 뜨거워지네
꾹꾹꾹꾹 달구어지네

누가 내 프라이팬을 달구었을까?

입춘

시린 목덜미로 눈발이 내리고
봄이 온다고
기어이 봄은 온다고
마지막 남은 숨마저 몰아쉬던 날들
꽃 필 날은 아직 멀었고
어쩌면 영영 오지 않을지도 모르는데

대나무밭에서 우우 소리 내며
흐느끼던 바람이
텅 빈 대나무 속을 돌아
내게로 올 때까지
대나무 곧게 뻗은 키만 보며
즐거워했다

손과 손을 맞잡으면
강물이 흐르고 꽃이 핀다는데
2,000년 전 유다에게 내민 손 버림받았던
사람의 아들은

사랑을 잃고 사랑을 얻었지

나는 대나무 숲길로 난 길을 가다
사랑을 잃었고
아직 찾지 못했다

입춘인데
눈은 내리는데
바람은 부는데

슬픔이 길을 가르쳐주기도 하던데요
— 명절 차례

할머니
할아버지
꽃 같던 시절에는
세상이 온통 꽃이었나요
별 같던 시절에는
세상이 깜깜했나요
누가 나를 낳았는지도 모르는데
나는 어떻게 여기에 있나요?

나를 닮았을 거야
추측만 하는 엄마 아빠
어디에 있는지도 모르는데
그 위의, 또 위의 조상님께
절을 두 번씩이나 했지요
나를 있게 해주어서 고맙고
앞으로도 잘 부탁한다고

핏줄 하나 거두지 못하는 조상님들께

내 부탁이 가당키나 할까요

우리 서로 모른 척 지내고 싶은데
어느 날
"너는 운동 잘하는 걸 타고났어"
"너는 음악을 잘해 천부적인 재능이 있어"
타고난 무언가 때문에 또다시 당신들을 만나죠
내 몸속에 남겨둔 당신들의 지문은
지워도 지워도 지워지지 않아요

이 숨바꼭질은 언제 끝날까요
당신들은 얼굴을 꼭꼭 숨기고는
불쑥 내 옆구리를 찔러
술래야 나를 찾아보렴
술래야 그것도 못 찾니 그러죠

괜찮아요 이제
세상에 던져진 나를 일으켜

내가 나를 키울래요
슬픔이 길을 가르쳐주기도 하던데요

이별 후

    세탁한 아이들 옷 정리하다 멈칫한다 그 아이가 즐겨 입던 옷이다 술 마시고 담배 피우고 외박하고 오토바이를 타던 아이 짜릿함에 온몸을 맡긴 아이 매일 또 다른 치명적인 짜릿함이 아이를 데려갔다 닥치는 대로 시비 붙고 때리고 고발하고 욕했다 사시사철 아이의 속에는 부글부글 마그마가 끓었다 작은 불씨 하나가 순식간에 화산으로 타올랐다 집과 가족을 온통 태우고도 꺼지지 않았다 약은 더 이상 먹지 않았다 아이는 스스로 떠났지만 나도 아이를 떠났다 함께했던 시간들에서 선을 긋고 다시 그었다 슬픔인지 분노인지 안쓰러움인지 모를 덩어리들을 꾹꾹 목구멍에 밀어 넣었다 돌아섰다 장맛비가 밤새 내렸다 불어난 강물이 강물을 삼키며 소용돌이쳤다

끌어안다

물방울은 자꾸 서로 끌어안는다
보이지 않는 구석
더러워진 몸으로
움직이지 못해도
물방울은 어느새 물방울을 찾아내
끌어안는다

끌어안아서 물이 되고
끌어안아서 냇물이 되고
끌어안아서 강물이 되고
끌어안아서 바다가 된다

바다는 물방울끼리 한사코 끌어안아서 생긴 것이다

아이는 자꾸 나를 끌어안는다
행복할 때도
불안할 때도
두려울 때도

자랑하고 싶을 때도
아침에 눈을 뜰 때도
저녁에 잠을 잘 때도

끌어안아서 따뜻해지고
끌어안아서 용감해지고
끌어안아서 앞으로 나아가고
끌어안아서 더불어 삶이 된다는 것
아이는 그냥
안다

20년, 보통 가족

초등 5학년 슬픔이 가득한 아이 눈동자
무엇에든 누구에게든 당하지 않겠다는 듯 꼭 다문 입술
술 취한 세상은 가족이 적이다
아버지의 무차별 공격을 피해 찾아온 아이
엄마를 보내고도 울지 않았다

가뭄에 콩 나듯이 다니던 학교를 아이는 매일 신나게 다녔다 새 식구와 같이 밥 먹고 공부하고 그림 그리고 소꿉놀이하고 멍하니 있고 재미있게 놀다가 다투기도 했다 여름캠프 성탄잔치에는 춤도 추고 노래도 불렀다 난생처음 생일에 미역국 먹고 케이크도 잘랐다

만취한 아버지는 시도 때도 없이 찾아와 대문을 발로 차고 고래고래 소리쳤다 아이를 내놓아라 그 아이는 내 거야 무한 기득권자 아버지를 설득하고 아버지에게서 도망 다니고 아버지에게 잡혀갔다가 다시 도망쳐 나오는 동안 아이는 푸른 나무처럼 자랐다 대학을 졸업하고 직장인이 되었다 그래도 내 아버지니까 어른이 된 딸을 함부로 때리는 아

버지를 아이는 극진히 돌보았다

아이가 사랑을 했다 두 아들과 예쁜 딸의 엄마가 되었다
아들이 초등 5학년 초록 새순처럼 솟아오른다
공처럼 통통 뛴다
대를 이어 따라붙던 어둠과의 질긴 인연
엄마가 된 아이의 마음속에서 뚝 끊어진다
20년을 걸어서 닿은
보통 사람 보통 가족

제2부

연하리

풀은 키를 절제한다

뜨거운 태양이
잎의 식욕을 유혹하고
키 큰 나무가
성장을 자극해도
풀은 제가 커야 할 높이까지만 큰다
살기 위해서
햇빛을 먹지만
더 많이 먹기 위해
키를 더 높이는 일 따위 하지 않는다
풀은 풀만큼만 자라고
풀만큼 햇빛을 받고
풀만큼 산다
풀의 최선은 풀만큼 살다가 죽는 것
그 죽음을 넘어
다시, 또다시
살아나는 것이다

클로버의 식민 전략

클로버가 잔디밭을 점령했다
감춰진 행운을 찾아보라
이파리 수에 집중하는 사이
슬쩍 뿌리를 내린다
다음, 낮은 포복으로 재빨리
땅 위를 기어간다
땅에 닿는 관절마다
꾹꾹 뿌리를 내린다
여의치 않을 때는
땅 밑으로 내려가
은밀하게 팔을 뻗는다
땅 위와 땅 아래 관절들
통신케이블이 되어
촘촘히 얽힌다
네트워크로 몸집을 불린다

어딜!
야심차게 뻗는 클로버 줄기

뒤에서 낚아챘다
짧은 관절 하나 뚝 끊어지고
다른 선들 요지부동이다
체제 유지의 비밀은
부드럽고 짧은 관절을 키우는 것
어디든 침투하지만
위기에는
혼자만 장렬히 전사하는

욕망은 머리가 좋다

연하리*를 닮다

자연을 꿈꾸는 머리와
편리함을 사랑하는 몸을 가진 나를
연하리는 늘 낯설어했다
향기로운 산나물을 식탁 가득 풍성하게 내어주면서
네 몸은 어디 있니, 물었다
몸을 데리고 오렴
내 땅을 네 두 발로 느끼고
내 품에서 네 손으로 먹거리를 가꾸면
내 푸른 피가 도는 소리 네 귀에 들릴 거야
내 향내 네 마음에 이르고
비로소 내 맛을 느낄 수 있을 거야
몸은 고속버스로 쉽게 데려와지지 않았다
완강히 버티는 몸을 달래
한 발 한 발 걸어오는 날들은 지루하고 고통스러웠다
금단증세야
편리함에 오염된 금단증세
시간이 필요해
자주, 떠나온 서울 하늘을 쳐다보며 한숨짓는 내게

연하리는 안쓰러운 듯 말을 걸어왔다
머리만으로는 안 될까
몸이 뿌리인걸
그 뿌리 안에 우리가 만나는 길이 있어

몸이 오고 있는지도 잊어갈 즈음
동네 아저씨 지나가다 물끄러미 내 얼굴을 보더니
"거참, 이상하네. 얼굴이 바뀌었어요"
"어떻게요?"
"연하리를 닮아가요"

* 필자가 살고 있는 강원도 영월의 마을.

휘파람새

휘-익
휘파람새*의 휘파람에는
숭숭 구멍이 뚫려 있다
뿌리 내리지 못한 것들의 새벽이
바람으로 들이친다

휘-익
비 오는 저녁
혹은 안개 낀 이른 아침
어둠 축축이 젖어오는 때
무심한 척 슬쩍 불어보지만
텅 빈 마음
메아리만 자꾸 커져

휘-익
수직으로 상승하는 봄
꼭 그만큼
수직으로 하강하는 것이 있다고

그 슬픔의 힘으로

짝을 찾는

하!

* 호랑지빠귀

소리

봄눈 쌓이는 소리
봄눈 녹는 소리
녹아 흐르는 소리
스미는 소리
꽃눈과 잎눈이
몸 덥히는 소리
몸 부풀리는 소리
힘껏 밖으로 몸 내미는 소리
키 작은 풀꽃들이
꽃을 피우려 조바심 치는 소리
둥글게, 직선으로, 지그재그로
더운 공기를 나르는 바람 소리
바람의 결을 따라 날아오르며
목소리 가다듬는 새소리
땅속에서 두런두런 회의하는 소리
누가 먼저 땅 위로 나갈지
순서 정하는 소리
겨우내 닫힌 덧문을 열고

대문 밖 나서는
신씨 할머니의 신발 소리

봄 3

햇볕 따스한 아버지 무덤
아지랑이 피어난다
죽음은 또 다른 출발이라고 하시던
아버지의 말씀이
봉긋한 봉분으로 피어나는 봄
무덤이 둥근 것은
씨앗을 닮은 것이라
씨앗에서 시작된 삶의 끝은
다시 첫 시작이라 하셨지
노란 햇볕
부드러운 바람의 품에서
연둣빛 새싹들 천지를 덮는데
둥근 무덤 그 씨방으로 돌아가신 당신은
어떤 생으로 움트고 계시는지

쑥버무리

오후 내내
따가운 햇살 아래 쑥을 뜯던
아랫집 할머니
뜨끈뜨끈한 쑥버무리
가지고 오셨다
맛없더라도…
쑥 같은 미소 지으신다
할머니 머리 위로
하르르
산벚꽃잎 진다

낙화

고광나무
산사나무
귀룽나무 꽃잎들
초록 잎 사이 더욱 희다
휘-익
지나가는 바람에
하얀 꽃잎들 후드득
비가 되어
허공을 떠돌다
떠돌다
검은 아스팔트 위를
덮는다

엊그제 밤
서울 안국동 사거리에서는
최루액을 탄 거대한 물대포가
자식 잃은 부모들*의
머리를

얼굴을

가슴을

몸을

사정없이 때려

갈 곳 잃은 통곡이

허공을 떠돌다

떠돌다

검은 아스팔트 위를 덮었다

허연 거품으로

부글거렸다

* 세월호 희생자 유가족.

집중호우

고요하던 계곡이
거대한 몸으로 일어선다
쏜살같이 달리다 바위 위를 솟구쳐 오른다
몸 산산이 깨뜨리며 괴성을 지른다

큰물이 악을 쓰며 내리쳐도 끄떡 않는 바위
함성을 지르며 한꺼번에 몰려와도 비켜서지 않는다
어쩔 수 없이 고개 숙이며 돌아가는 물
속도를 줄이고 몸집을 작게
한꺼번에 말고 조금씩

바위를 미워한 적 있었다
자랑스레 커진 나의 몸과
가속도를 막아서는 바위를
그 바위 때문에
계곡이 범람하지 않는다는 것을
내가 범람하지 않았다는 것을
바위를 치는 물이 내 머리를 친다

여름 풍경

햇빛 뜨겁게 내리쬐다
소나기 우당탕 지나간다
뱃속의 생명들
꿈틀꿈틀 키워내는 땅
옥수수 며칠 사이 우뚝
숲이 되었다

환삼덩굴*

네가 누군지
알 필요는 없지
내 곁에 네가 있었을 뿐
손을 내밀지
내 손 잡는 너, 끌어당겨
허리를 감지
재빨리 몸 밀착시켜
두 번, 세 번쯤 휘감지
내게로 휘청 기울어지면
촘촘한 가시로 꼭꼭 눌러
돌아갈 길을 차단하지
어깨에 손을 올리자마자
머리를 만지는 것을 잊지 말아야 해
네 머리 위에 올라가 햇빛을 받아야 하니까
여기까지 순식간에 해치우지
사랑이라고 믿는 네가
행복한 잠시
내 몸속에 있던 수많은 손들이

쏟아져나와 그물처럼
너를 덮어버리지
천천히 숨통을 조이지

* 길가나 빈터에서 흔하게 자라는 덩굴성 일년생 초본. 아무 식물이나 감고 올라가 식물의 맨 꼭대기를 점령하고 번식한다. 마치 가스라이팅하는 것처럼 보인다.

이름 냄새

수박풀*은 수박 닮지 않았고
오이풀**은 오이 닮지 않았다

그래도 천생
수박풀은 수박풀이고
오이풀은 오이풀인데

수박풀은 수박만 생각하고
오이풀은 오이만 생각해서

수박풀에서는 수박 냄새 나고
오이풀에서는 오이 냄새 난다

* 아욱과의 1년생 식물인 야생초.
** 장미과의 다년생 식물인 야생초.

옥동천(玉洞川)*

강물
금빛으로 흐른다
버드나무
투명한 연둣빛으로
다시 태어난다
다슬기 잡는 아이들
등이 눈부시다

바람조차 빛이 되는
오후 3시의
역광(逆光)

내 안에 있던
내가
황홀하게 드러난다

* 강원도 영월군 김삿갓면 옥동(玉洞)을 흐르는 하천. 우리나라 아름다운 하천 50선에 들어간다.

물봉선 피는 아침

온통 자줏빛인 계곡
놀란 햇살 멈추어 서성이고
바람도 숨죽여 흐르는데
물봉선 무더기로 번져 나간다

물봉선 환히 비춘 계곡물
꽃잎 휘청일까
조심조심 지나가고
그림자 비켜주려 앞산이
몸 뒤척이는데
재잘재잘 물봉선 자꾸 피어난다

작은 것들은 작아서
혼자 피는 법 없다
넘어질 듯 울퉁불퉁 뿌리박기 힘들어도
까치발로 함께 서서
어깨동무 씨동무 웃음소리
까르르 번져 나간다

하늘만 쳐다보던 키 큰 참나무가
웃음소리 따라 내려다보다
슬며시 잎 떨구어
햇빛 조금 가져다 놓는다

수녀님의 농사

농사라고는 처음 지어보는
육순의 수녀님
집 뒤 텃밭에 옥수수 심었다
초록 대궁 힘차게 솟아나더니
대궁마다 아기 업은 듯 옥수수 맺혔다
만져보고 쓰다듬어보고 입도 맞추어보면서
옥수수알 탱글탱글 여물기를 기다렸는데
어느 날
태풍 지나간 듯 옥수수밭 통째로 짓이겨지고
덜 익은 옥수수 몽땅 없어졌다

그날 밤
칠흑 같은 어둠 속에서
깜박이는 눈동자 여럿, 다시 옥수수밭 찾아왔다
다리 후들거려 차마
밖으로 나갈 수 없었던 수녀님은
윗동네 스님에게서 빌려놓은 목탁을
방 안에서 열심히 두드렸는데

그 눈동자들 꼼짝 않고 있었다
양은 세숫대야 두 개를 요란하게 두드려도
눈동자들 여전히 깜박이기만 했다
마침내 마당으로 진출한 수녀님
자동차 헤드라이트 쏘아대면서
양은 세숫대야 세차게 두드리니
그제야 눈동자들 슬그머니 사라졌다고

첫 농사 쫄딱 망했는데
그래, 너희들이라도 잘 먹었으니 되었다 하시는
수녀님의 호탕한 웃음이
옥수수밭을 돌아 돌아
하늘로 피어오른다

가을 풍경

쑥부쟁이, 여뀌가 마음껏 피고
청미래, 보리수 열매 붉다
가을은 작은 것들의 세상이다

여름 동안 키를 키우던 참나무가
또르르 도토리로 내려오고
사방으로 번지던 초록 풀이
좁쌀만 한 씨앗 속으로 들어간다

넓은 잎 속에서 무성하던 나의 날들도
몸보다 더 큰 그림자 사라지고
눈물로 단단해진 빛 알갱이 몇 개
씨앗 속으로 들어가고 있다

눈부시다

잎 떨군 나무
잔가지들
빛 속에 찬란하다
잘디잔 실핏줄들이
허공을 잘게 부순다
잘게 부수어진 허공 속으로
무수한 잎 피워 올렸었다
숨 가쁜 노동으로
불꽃 같은 잎들을 키웠지
날개가 된 잎들
세상으로 떠나보내고
겨우 모습 드러낸 저
대책 없이 여리고
약한 가지들
눈부시다
중심에서 먼
세상의 잔가지들이
푸른 잎을 낳고 키운다
중심을 살린다

만항재*

문득 할 말이 없다
함백산 이마 펑퍼짐한 만항재
짙은 안개 사이로
수천수만 둥근이질풀꽃 피었다
분홍빛 작은 얼굴 올망졸망
구름 같은 꽃무리

그때는 가슴이
가문 논바닥처럼 갈라졌었지
사는 일이 꼭 지옥 같았어
그것들이 나중에는 다 꽃이 되더라고
실눈 뜨고 회상에 젖은 어머니
만항재 넓은 품에
엄마 닮은 둥근이질풀꽃
지천으로 피었다

* 강원도 정선군과 태백시 사이의, 해발 1,330미터 백두대간 고개.

제3부

빛이 지나가다

균형

흔들리며 조금씩
눈치채지 않게 약간만
자리를 바꾸는 무게중심
하루만 함께 흔들리지 않으면
균형은 깨어진다
어제의 중심은 오늘의 중심이 아니다
오늘도 천천히 나아가고 있는 중*이다

* 조민 『오늘도 나아가는 중입니다』

빛이 지나가다

그것은 도대체
낡아지지 않았다 시간이 갈수록
싱싱한 물고기처럼
펄떡펄떡 뛰어올랐다
날마다 쉬지 않고
몸을 불렸다

온 시간이 전투였던 그녀
그녀가 쏘는 독화살들이
몸속을 파고들어 게걸스레
나를 먹어치웠는데
사랑이라는 의무에 눌려
스스로를 지켜내지 못했던 나를
더욱 용서할 수 없었다

세월 지나 생각해보니
지는 것이 이기는 것이더구나
무심히 던지는 예순 넘은 언니의 말에

번쩍 빛이 지나간다
조금 모자라는 사람이 끝까지 남더구나
팽팽하던 그것의 몸이 풀썩
허물어진다

내가 나의 손을 잡는다

하느님의 숨바꼭질

하느님께서는
왜
몸을 숨기시는지
알겠다

저 찬란한 나무 밑둥
어둠 속 뿌리 속에 계셔야
나무가 살거든

내 속
어두운 뿌리
그 밑바닥에서
물을 머금어주지 않는다면
내가 이렇게 걸어 다니지 못하지

빛나는 것은 내 것이고
어두운 것은 다 당신 몫이어서
그 어둠의 자비로

세상을 기르시니

당신의 몸은
보이지 않는 첫 시작에 있어
나는 당신을 보지 못하나
당신을 숨쉬고 있으니
당신
내 몸속을 휘돌아 흐르고

결국 돌아갈 곳도
내 몸 산산조각 작은 알갱이로 부서져
다른 몸의 거름이 되는
어두운
첫 시작으로 돌아감이니

엄마 손

엄마 손을 잡았다
책갈피에 끼워둔 마른 낙엽 같은 손

엄마 손에서는 늘 꽃이 피어났다
사는 일이 시들할 때
그 손을 잡으면
싱싱한 꽃이 가득 피어나곤 했다

엄마 손을 잡았다
꽃이 피지 않는다
손 비비면 바스락거리는 소리
꽃 진 자리에 맺힌 씨앗들
날개 다는 소리인가
공기처럼 가볍게 날아가기 위해
반으로, 반에서 또 반으로
빠르게 줄어드는 몸무게
파란 핏줄이 강물처럼 흐르는
얇은 엄마 손이 조금씩
사라져간다

거리 시화전

포장마차 열듯
거리에 시를 내걸었다
서늘하게 흔들리는 마음
붕어빵처럼
뜨끈한 어묵 국물처럼 후후 불어
시를 드시라고
길거리에 내놓았다

지나가던 할머니
시화를 유심히 보고 또 보고
이상하다는 듯 고개를 갸웃
왔다가 다시 갔다가
도저히 모르겠다는 듯

-이거, 파는 거예요?
-아니요, 시를 읽으시라고요
-아, 그러니까 자랑하는 거군요?
-아? 아, 예~

그녀를 만나다

번쩍, 허리를 치는 통증
앞으로 고꾸라졌다
세포들이 일제히
빳빳하게 물구나무를 섰다
손가락 하나 움직이지 못하겠는데
하필, 그녀가 생각났다

류머티즘으로 40년을
누워서만 지내야 했던 그녀
시도 때도 없이 정신줄 놓아
구급차와 병원은 일상이 되었는데
나만 보면 짜증을 냈다
용변과 식사를 챙기고
하루 종일 자기를 돌보는데도
투정만 부리던 그녀
저세상으로 떠났을 때
편안해졌겠다고 생각했다
사실은 내가 편해졌다

아프다는 것은
이토록 격렬한 것이었다
그때
두려움을 밀어내며
고통을 드러낼 사람은
나 하나뿐이었다

통증이 흰 이를 드러내며
나를 덮치는 순간
엎어져 버둥거리면서
그녀를 떠나보내고 나서 처음
그녀를 만났다

도로와 길

산자락 따라
구불구불 잘도 굽은
집 앞 도로.
속도에 중독된 자동차들이
곡예를 하며 몸부림치고
산토끼, 고라니가 죽어갔다.

지난여름
자동차 전용도로 새로 생겨
중독된 자동차들 가버리니
구불구불 도로에
등교하는 아이들 재잘대고
경운기
자전거
휠체어가 다니고
마라토너들 즐겨 뛴다
요 며칠 곡식도 나와서 몸 말린다
어울려 서로 통하니
도로가 길이 되었다.

고백성사

내 안에
뿌리 내리고
가지 뻗어

그가 나인지
내가 그인지

긴 시간
미움이 내 손가락 하나 만들었는지
내 손가락이 미움에 물들었는지

붙잡힌 줄 알았는데
붙잡고 있었구나

고생했다
네 갈 길 가거라

괜찮아

말(言)을 잃어버렸다
서랍 하나하나 열어보고
주머니를 탈탈 털고
꼬리 흔드는 강아지에게 화를 내다가
오색 꽃등 달고 줄지어 선
뜰의 봉숭아에게 눈을 흘겼다

경찰서에 연락해볼까
말을 찾아주세요 말이 길을 잃었어요 집을 찾지 못하네요
말을 데려다주세요
무서워요
매일 쓰던 단어가 생각나지 않아요
제 말이 저를 잊었을까요 저를 두고 가버렸을까요

괜찮아
평생 제집만 드나들던 말이 잠시 집 밖을 돌아온다는데
영영 가버려도 어쩔 수 없지
말을 보내고

하늘은 더 깊게 푸르고
산은 그 자리에서 계절마다 변하고
꽃은 몸 바쳐 핀다는 것
그럼 괜찮고말고

피카소 피카소 피카소
 — 피카소의 〈모자 쓴 여인의 두상〉을 모사하면서

모자를 싫어해서 잘 쓰지 않는다
모자를 쓰면 머리가 덥고
벗으면 머리카락이 눌려 흉하다
모자를 자주 쓴다
까짓 머리가 덥고 머리카락이 눌리는 것쯤
참아낼 만하다
노화되어 가늘고 뻣뻣해진 머리카락을 가려주어
제법 괜찮은 모습 보여준다
코에 관심을 가져본 적 없지만
얼굴 중간에 오똑 서기도 하고
뺨 어딘가에서 훌쩍이기도 한다
반짝이는 눈이
이마 위 별로 뜰 때
턱 밑에서 우수에 젖고
뒤통수에 붙어 숨바꼭질한다
기쁨에 빛나는 입술이 사랑을 고백하고
고통에 일그러져 서러워하고
어둠 속에서 어디로 가야 할지 모른 채

엉거주춤이다

삶은 처음부터 그랬다

눈, 코, 입, 머리가 쪼개지고

다른 곳에 갔다가 다시 돌아오기도 하고

영영 이별도 하는 입체, 입체였던 것.

삶의 자리는 원래 없는 것

여기 혹은 저기

안정에 대한 허기로 환상에 젖는 동안

조금씩 쪼개지고 바뀌어지고

사라지고 뒤집어지는

삶, 입체

새끼손가락

　새끼손가락쯤이야 사소한 일이라 여겼어 무거운 바구니에 눌려 뼈가 부러지고 인대가 끊어졌을 때도 엄지가 아니라서 다행이었지 그런데 잘 펴지지 않는 새끼손가락 마지막 마디를 펴기 위해서는 큰 병원 손가락 전문의를 찾아가라 하더군 거기서는 더 웃겼어 부러진 뼛조각을 맞추기 위해 전신마취를 했다니까 좀 과하기는 했지만 수술 뒤의 이 상야릇하고도 몸서리치는 아픔을 빼면 별일은 아니었어 그런데 말이야 애기손가락이 일자로 뻣뻣이 서 있자 다른 손가락들이 우왕좌왕 제 일을 못하는 거야 네 손가락만으로는 물건을 들 수도 없었어 글씨도 쓸 수 없었고 컴퓨터 키보드를 두드릴 때도 새끼손가락 대신 다른 손가락이 엉거주춤 왔다 갔다 하는 걸 상상해봐 나만 몰랐어 나만 몰랐던 거야 날렵하게 제 역할을 잘 하는 키 큰 손가락들의 힘이 이 작은 애기손가락으로부터 나온다는 걸

제4부

목마르다

끝

불산*을 누출했다
사람이 죽었다
벌금 100만 원을 냈다
끝이다

* 2013년 2월 11일 삼성전자 불산누출사고 뉴스.

성탄절

바람이 칼처럼 파고드는
서울 용산

네 아우
아벨은 어디에 있느냐*

부서진 창문
시커먼 연기 자국 선연한
남일당, 끝내 삼켜진
다섯 남자

모릅니다. 제가
아우를 지키는 사람입니까**

파랗게 벼린 칼바람
한아름씩
안주머니에 넣고 온 사람들은
말없이 향을 피우고 절을 했다

등 뒤에서 서성이던
"말없음표"가 검은 하늘에 총총 떠오르더니
소리 없는 천사의 노래로
도시를 흔들었다
자꾸 사람들이 모여들었다

* 「창세기」 4장 9절
** 「창세기」 4장 9절
  2009년 12월 25일 용산참사로 숨진 분들, 유족들, 아픔을 함께하시는 신부님들, 뜻을 함께하는 모든 용감하고 마음 따뜻한 분들께, 말로 다 할 수 없는 깊은 슬픔과 그 슬픔을 딛고 솟아날 '마음'을 함께 느낍니다.

플라스틱 꿈

주유소마다 서 있는
키 큰 플라스틱 야자수
이 주유소의 기름만 넣으면
아름다운 남쪽 나라로
힘 좋게 순식간에 갈 수 있다고
잎을 흔들었다.

밤에는 온몸에
주렁주렁 전구를 달고
별처럼 반짝이는
웃음을 뿌리면서

어느 날
플라스틱 야자수는
주유소를 걸어 나가더니
벚나무로 변하고
복사나무로도 변해서
강변도로에도

박물관 앞에도 뿌리를 내렸다
이 도시에서 그대는
플라스틱 나무처럼 영원히
꽃처럼 찬란하게 살게 되리라고
전원(電原)에 몸 활짝 열고
사람들에게
플라스틱 꿈을
나누어주고 있었다

* 플라스틱 나무에 전구를 매달아 도시의 밤을 장식함.

감포* 방생(放生)

나는 뱀장어
자갈을 덮치는 큰 물소리
누군가 양동이 속의 나를 홱 쏟아부었다
파도가 내 몸을 높이 들었다가
내동댕이쳤다
갈매기가 떼를 지어 몰려왔다
함성을 지르며
머리와 몸을 쪼았다
휴지처럼 너덜거리는 나를 보며
신라의 왕께 소원을 비는 사람들
아아, 오늘 밤
정월 대보름달 뜨겠다.

---

* 경주시 감포. 신라 문무왕의 수중릉이 있는 곳.
 정월대보름에 전국의 사찰과 무속인(巫俗人)들이 방생 행사를 하며 문무왕께 소원을 빈다.

정담(情談)

입원한 할머니에게
매일 아침 문안 오시는
할아버지

집 앞 개나리가 다 폈어
아이구 예쁘겠네요
예쁘더라
세상이 환해

애들아, 용서하지 마라
— 2014년 4월 16일 세월호 참사에 부쳐

애들아 용서하지 마라
절대로 용서해서는 안 된다

해마다 4월에
연둣빛 같은 너희들이
새싹으로 기어 나오고
희고 붉고 노란 꽃들 속에
너희들의 울음이 들리겠지

그 울음 속에서
애들아
천 개의 가시가 되어
어른들의 가슴을 찔러다오

벌겋게 충혈된 눈으로
아귀 떼처럼 돈을 밝히다
꽃 같은 목숨들을
바다에 던져버린 어른들의 가슴을

끝까지 어른들의 말을 잘도 들었던
아이들아
구명조끼를 친구에게 양보할 줄도 알았던 아이들아
금방이라도 깔깔 웃으며 뛰어올 것 같은 아이들아

너희들이 찌르는 천 개의 상처로
온몸이 피로 물들고
더러운 고름이 터져 나와
어디에고 편히 머무를 곳 없어
가슴을 치게 해다오

너희들이 겪은 억울함을
모두 돌려놓을 때까지
결코 그 가시에서 놓여나지 않게 해다오

얘들아
얘들아

하루에 한 아기가 베이비박스*에 버려진다고

처음 내 연한 몸을 휘감은 칼바람을 닮아

파랗게 날을 세워
바람을 가르고
꽃을 가르고
물을 가르고
땅을 가르리라

칼이 되리라

---

* 서울 관악구 난곡동 주사랑교회에서 베이비박스를 설치했다. 부모가 영아를 키울 수 없어 버려야 할 상황이 오면 이곳에 버려달라고 설치한 것이다. 요즘 이 베이비박스가 붐빈다고 한다.

치매 병동

천지사방 구분도 없이
뛰어 달아나는 몸과
사투를 벌이는
밤

그토록 가고 싶었던 그 길을
끝내 가지 못하게 막았던 머리가
잠든 사이
몸이 탈출을 시도한다

명령만 하던 영감님
헐레벌떡 달려와
처음으로
아내 명령을 받는다

머리는 아무것도 모른다
몸의 마음은
몸만 안다

푸른 거울

며칠째 단식*을 하면서도
생글거리는 너의 웃음 뒤로 언뜻 비치는
낯선 일상의 힘겨움
밥을 먹지 않으니 할 일이 별로 없어
자꾸 잠이 오고 머리가 텅 빈 것 같아
그날, 진실을 찍기 위해 책상에 올라갔지
누군가 책상을 확 밀었어
물건처럼 바닥에 내동댕이쳐졌지
깁스를 한 다리를 불편해하면서
네가 말하는 동안
바람이 네 여린 잎을 흔들었지
잘못을 잘못이라고 말하는 것이
목숨을 내어놓는 일이라는 것을
이제야 알았어
쓸쓸한 네 말들은
푸른 잎 속으로 빨려 들어가고
잎들이 반짝이더니 모두 거울이 되더군
내 얼굴이 비치고

네 친구들, 선배, 교수, 총장,
너를 쓰러뜨린 그들의 얼굴까지
진리가 너희를 자유롭게 하리라고 가르친 자들의
자유롭지 않은 얼굴을
네 잎이 푸르게 푸르게 비추고 있더군
이상한 일이었어
거짓이 잠시 힘을 얻는 그곳에서
생명은 사위어가는데
생명이 다시 일어서고 있었어
나무들이 일어서고 있었지

* 총장 선출에 대한 부당함을 항의하는 학생들의 단식농성장.

봄 4

엄마는 결혼할 수 없었다
결혼 대신 주사를 맞고 나를 낳았다
나와 생일이 똑같은 친구들이 농장에는 수도 없이 많다
생사를 관장하는 위대한 그들은
우리의 삶의 방식을 단 한 가지로 규정해주었다
연한 우리 살을 그들의 입에 대량으로 공급하는 것
주는 대로 먹고 움직이지 말 것

정말이지, 우리는
아무 말도 하지 않았다
다만 구제역*에 감염되었을 뿐
그것이 대규모 반체제 시위였다는 것을 한참 후에 깨달았다
어쨌든 더 이상 그들의 먹이가 될 수는 없었다
그들은 신속하게 포클레인을 동원했고
살아 있는 우리를 땅에 묻어 진압했다

그리고 다시 봄

꾸역꾸역 산목숨 억지로 삼켰던 땅이
체한 피 토해냈다
묻혀 사라졌던 우리들
수많은 새싹으로 움트고
빨간 노란 울음꽃 피어나
천지간이 흔들렸다

그러나 그들, 입은
계속 자라나고 있었다.

* 2010년 구제역이 온 나라를 뒤덮었음.

목마른 동강 축제

축축 늘어진 잎사귀처럼
행사 요원들이 그림자처럼 걸어 다니고
사람들은 밖으로 나오지 않는다
야시장 장사꾼들은 헉헉거리다가
어쩌다 지나가는 이가 관심을 가져도
귀찮아하며 퉁명스럽다
차가운 송어장에서 데려온 송어들이
'맨손으로 송어 잡는' 행사장의 뜨뜻미지근한 강물에 풀리자
적응도 하기 전에 목숨을 부지하기 위해
사력을 다하는데
간이 워터슬라이드는 축제장의 한복판을 가로질러 거대하다
아이들이 물고기처럼 파닥거리다
하늘로 솟구치고
플라스틱 임시 호수 속으로
곤두박질친다
한 달 동안이나 동강을 통째로 먹어치우고도

물이란 물은 다 먹어치울 기세인
한낮의 태양이
아이들의 까만 피부와 함성 소리에
슬그머니 구름 사이로 숨는다

자본보안법

섹시한 음료수 병
섹시한 자동차
섹시한 에어컨 바람
섹시한 건축물과 탑

지구를 섹시하게 디자인하느라
눈코 뜰 새 없이 바쁜 디자이너에게
암컷도 수컷도 하기 싫은데
섹시하지 않으면 안 되냐고 물었다
자본보안법 위반이라며
조만간 전향서를 써야 할 거란다

| 작품 해설 |

인생 최고의 선물은 무엇인가
― 우리는 '다른 인생'과 연결되기 위해 읽고 쓴다

이문재

1.

'내가 생각한 인생이 아니야'. 2년 전에 나온 류시화 시인의 산문집 제목이다. 류 시인은 나와 같은 해 대학에 입학한 이래 40년 넘게 문통(文通)을 이어온 외우(畏友)이다. 그의 시는 나보다 한참 윗길이지만 그의 에세이도 보통 내공이 아니다. 그의 문장이 가닿으면 희미하던 삶의 결과 무늬가 선명해진다. 내 어두운 눈이 찾아내지 못한 생의 비의를 그는 찾아내는 것이다.

이번 산문집에도 내 눈길을 오래 붙잡은 '시적 발견'이 여럿 있다. 그중 하나가 "인생에서 가장 큰 선물은 다른 인생"이라는 경구다. 무릎을 치지 않을 수 없었다. 누가 저 깨달음을 부정하겠는가. '다른 인생'을 선물로 여기지 않는 인생처럼 불행한 인생이 또 어디 있으랴.

나는 대학에서 글쓰기 강의를 하고 있는데, 류 시인의 저 경구를 만난 이후 새 학기 첫 시간에 학생들에게 소개한다. 칠판에다 '인생 최고의 선물은 (　　)이다'라고 적어놓고 학생들에게 괄호를 채워보라고 주문한다. 학생들은 선뜻 답을 하지 못한다. 그러면 괄호의 크기를 조금 줄인다. '인생 최고의 선물은 (　) 인생이다.' 그래도 손을 드는 학생은 많지 않다. "인생에서 가장 큰 선물은 다른 인생"이라고 말해주면 다들 고개를 끄덕인다.

나는 학생들에게 질문을 계속 던진다. '다른 인생'이란 무엇인가. 롤 모델인가, 반면교사인가, 반려자인가, 수호천사인가, 나그네인가, 영화의 주인공인가… 마음을 열고 눈을 크게 뜨면 오늘의 내가 있기까지 알게 모르게 영향을 끼친 인생은 셀 수 없을 만큼 많다. 뿐이랴, 하늘과 땅, 나무와 새는 물론 도구와 기계(기술)까지 포함하면 '다른 인생'의 범위는 무한대로 확장된다.

시선을 안으로 돌리면, 다른 인생은 내 안에도 있다. 어제와 다른 나, 지금과 다른 내일의 나. 나는 '나와 다른 그 무엇'으로 인해 나인 것이다. 나의 안과 밖에 다른 인생이 없다면 진정한 의미의 미래는 없을지도 모른다. 시도 마찬가지다. 시를 시이게 하는 것은 시가 아니다. 시를 구성하는 각각의 요소는 시가 아니다. 연인이나 꽃, 별이나 바람은 그 자체로 시가 아니다. 각각의 존재, 활동, 현상 즉 시 아닌 것들이 시인에 의해 (재)발견, (재)연결되면서 한 편의 시가 탄생한다.

시에게도 최고의 선물은 '다른 시'라고 말해도 무방하리라. 다른 시는, 그 시가 좋은 시라면, 그 시에는 반드시 다른 인생이 내포되어 있기 때문이다. 우리 삶이 그렇듯이 시 역시 '시 아닌 것'으로 인해 시의 생명력을 유지하고 독자(역시 시가 아니다)와 더불어 의미와 표현의 향연을 누린다.

2.

서두가 길어졌다. 정유경 시의 주요 무대인 '연하리'를 답사하면서 내가 눈여겨보고 싶었던 것은 하나다. 정유경의 시를 시이게 하는 '다른 인생'은 무엇인가. 그리고 다른 인생으로 이루어진 시는 독자에게 어떻게 '선물'이 될 수 있는가. 우리의 존재와 삶이 그렇듯이 시가 누군가에게 선물이 되지 않는다면 좋은 시라고 말할 수 없다(누군가에게 선물이 되지 않는다면 그 삶은 실패한 삶이라고 말한 이는 이반 일리치다).

정유경의 이번 시집은 네 개의 '다른 인생'으로 구성되어 있다. 연하리에서 함께 살아가는 '외로운 철부지들', 그리고 연하리의 또 다른 어엿한 주민인 뭇 생명이 그 둘이고 나머지 둘은 심도 깊은 자기 성찰과 사회 현실에 대한 비판적 관점이다. 1장 '자라고 자라나고'에 실린 시편은 여러 이유로 가족과 헤어져 살아야 하는 청소년들의 문제적 상황을 직시한다. 이 시들에서 시의 화자는 가정을 잃은 아이들과 함께 또다른 가정공동체를 꾸려나가는 '어머니이자 학부모이자 어른'이다. 화자는 가정과 학교, 사회로부터 배제된 아이들을 지극정성으로 보살피지만 아이들은 "겨드랑이에 날개가 돋"쳐 자주 일탈을 감행한다. 떠난 부모와 학교에 대한 적의로 가득 찬 채. 시는 육성이 담긴 보고서로, 반성문으로, 때로는 편지 형식으로 '집 밖의 아이들'을 '보통 사람, 보통 가족'에게 소개한다.

> 나를 낳은 엄마는 예뻤을까 기억의 끝에 있는 허기가 덩굴손이 되었다 뿌리는 더 이상 내리지 않는다 내 옆에 있는 누구든 휘감고 나아가면 그만이다 내 허기를 채워주려 나대지 마라 내 허기는 내가 해결한다
> ―「덩굴손 아이」 부분

> 나는 만날 배가 고파요/아빠가 고파요/먹을 것 좀 주세요/아빠를 좀 주세요/아빠가 아빠를 안 줘요/빌어먹을/아빠가 보고파요
> ―「아빠가 고파요」 부분

> 괜찮아요 이제/세상에 던져진 나를 일으켜/내가 나를 키울래요/슬픔이 길을 가르쳐주기도 하던데요
> ―「슬픔이 길을 가르쳐 주기도 하던데요」 부분

화자가 살림을 도맡은 연하리 가정공동체는 세상의 변두리다. 가정, 학교, 사회로부터 가장 멀리 떨어진 변방의 거처. 그런데 자신의 의지와 무관하게(대부분 그런 의지를 가질 수 없

는 나이였겠지만) 가족으로부터 버림받은 아이들에게 자존감을 가져야 한다고, 더불어 살아야 한다고 가르치는 것은 물고기에게 물 밖에서 살 수 있다고 말하는 억지와 다르지 않을 것이다. 연하리 아이들에게는 세상과 다른 접근법이 필요하다. 자기 감정을 다스릴 수 없는, 아니 자기 감정과 대면할 수조차 없는 아이들 앞에서 '엄마 아닌 엄마'는 때로 망연자실하지만 희망의 끈을 절대 놓지 않는다. '엄마'가 붙잡고 있는 끈이 아이들에게 유일무이한 '동앗줄'이기 때문이다.

아무 연락도 없이 사나흘 가출했다가 돌아온 중3 아이를 달래려 "코로나19를 무릅쓰고 바닷가로 여행도 다니"지만 아이는 마음을 붙이지 못하고 또 나가버린다. 그럴 때마다 '엄마 이상의 엄마'는 몸을 낮춰 아이들과 눈높이를 맞추고 귀를 기울인다. 오랜 경험과 노하우를 갖고 있는 '엄마'의 만병통치약은 보듬어 안는 것이다. "끌어안아서 따뜻해지고/끌어안아서 용감해지고/끌어안아서 앞으로 나아가고/끌어안아서 더불어 삶이 된다는 것/아이는 그냥/안다"(「끌어안다」) '가족 아닌 가족'과 가족이 되면서 아이들은 "제 갈 길"을 열어나간다.

「20년, 보통 가족」에 마침내 홀로 서서 더불어 살게 된 아이의 성장기가 그려져 있다. 열한 살, 초등학교 5학년 때 아버지의 가혹한 폭력을 못 견뎌 연하리를 찾아온 아이. 엄마를 보내고도 울지 않던 아이. 만취 상태로 찾아와 행패 부리는 아버지에게 잡혀갔다가 다시 도망쳐 나오기를 몇 차례. 하지만 씩씩하게 자라나 "그래도 내 아버지니까"라며 아버지를 돌본 '그 아이'가 엄마가 되고 아들을 낳았으니 "20년을 걸어서" "보통 사람 보통 가족"이 된 것이다. 연하리가 세상의 끝에서 세상의 시작으로 전환되는 기쁜 눈물의 서사다.

그런데 연하리 수십 명의 아이들만 성장했을까. 그렇지 않을 것이다. 세상 누구보다 많은 아이를 길러낸 '엄마'도 성장하고 성숙했을 터. 엄마는 누구보다 다른, 아니 누구보다 많은 '기막힌 인생'을 선물로 받았기 때문이다. 화자가 「만항재」에 옮겨놓은 어머니의 육성을 들어보자. "사는 일이 꼭 지옥 같았어/그것들이 나중에는 다 꽃이 되더라고" 모친의 고백은 연하리에서 '보통이 아닌' 아이들과 함께 살아온 화자에게 그대로 적용될 수 있을 테다. 때로 지옥과 천국을 오간 그 시간이 "나중에 꽃이 되"었을 터. 그 꽃은 먼저 자기 자신에게, 그리고 누군가에게 선물이 되었을 터. 지금 우리가 받아 든 이 시편들이 그 꽃다발일 터.

3.

사회적 약자보다 더 약한 존재, '있지만 없는 존재'가 철부지 아이들만은 아니다. 연하리에 또 다른 '비인간 존재'가 있었으니 뭇 생명, 그중에서도 식물과 동물이다. 시의 화자가 천지자연과 마주하는 마음가짐에 주목하다 보면, 저런 심성이 뿌리 뽑힌 아이들을 보듬어 안는 원동력이자, 불평등한 사회 현실에 대한 분노와 저항의 근원이었겠구나 하는 생각이 든다.

"풀은 제가 커야 할 높이까지만 큰다"랄지 "풀의 최선은 풀만큼 살다가 죽는 것"이란 시적 발견에서 우리는 화자의 생에 대한 결연한 각오를 만날 수 있다. 이 구절은 '사람의 최선은 사람만큼 살다가 죽는 것'이라고 바꿔 읽을 수 있겠거니와, 이 얼마나 도달하기 힘든 생의 목표인가. '사람만큼'의 크기를 우리는 제대로 측정하기기 어렵기 때문이다. 위 구절은 「풀은 키를 절제한다」의 후반부인데 이어지는 결구 또한 의미심장하다. "그 죽음을 넘어/다시, 또다시/살아나는 것이다". 이 시는 시인이 애써 드러내지 않고 있는 종교적 영성과 맥을 같이한다.

도시적 삶에 길들어 있던 화자는 연하리의 자연과 처음 마주하면서 자기모순에 직면한다. "자연을 꿈꾸는 머리와/편리함을 사랑하는 몸을 가진 나"가 낯설어진 것이다. 연하리는 생생하게 살아 있는 자연을 보여주면서 "네 몸은 어디 있니", 네 "몸을 데리고 오"라며 화자 자신이 처한 상황을 냉철하게 살펴보라고 채근한다. 화자는 편리함에 중독된 몸을 자연의 안쪽으로 데려가면서 "금단 증세"를 치유한다. 그리하여 "몸이 오고 있는지도 잊어갈 즈음/동네 아저씨"로부터 이런 소리를 듣는다. 화자가 "연하리를 닮아"간다는 것이다. 도시 사람이었던 화자의 몸과 마음이 자연을 받아들인 것이다(참, 연하리는 시인이 살고 있는 강원도 영월의 한 산골 마을이다).

휘파람새, 옥수수, 수박풀, 오이풀, 환삼덩굴을 비롯해 소나기, 집중호우, 땡볕을 온몸으로 만나는 화자는 급기야 「옥동천」에서 금빛 강물, 연둣빛 버드나무, 다슬기 잡는 아이들, 오후 3시의 역광 등이 어우러지는 자연의 한복판에서 지금·여기·'나'가 일치되는 무아지경을 경험한다. "내 안에 있던/내가/황홀하게 드러난다" '내 안에 있던 나'의 황홀한 드러남이란 대체 어떤 지경인가. 황홀한 몰입이 아니고 황홀한 노출이라니. 이때 지금·여기는 시에서 밝혔듯이 강원도 영월군 김삿갓면 옥동이라는 행정 지명이 아니다. 이 순간 지금·여기는 지구 표면의 한 지점, 즉 우주의 한 지점이다.

이 순간 '나'는 문명인, 즉 인간중심주의라는 옷을 벗어버리고 가없는 우주와 하나가 되는 우주적 존재로 거듭난다. 인간과 우주 사이의 간극이 사라지는 황홀경이야말로 시가 도달하고자 하는 가장 높은 경지일 것이다. 우주와의 일치만큼 크고 아름다운 '다른 인생'이 또 어디 있으랴. 우리는 「옥동천」에서 정유경 시의 가장 깊고 순결한 에너지(비종교 영성이라고 해도 좋을)를 확인할 수 있다.

> 여름 동안 키를 키우던 참나무가/또르르 도토리로 내려오고/사방으로 번지던 초록 풀이/좁쌀만 한 씨앗 속으로 들어간다
>
> ―「가을 풍경」 부분

눈부시다/중심에서 먼/세상의 잔가지들이/푸른 잎을 낳

고 키운다/중심을 살린다
　　　　　　　　　　　　　　—「눈부시다」 부분

무심히 던지는 예순 넘은 언니의 말에/번쩍 빛이 지나간다/조금 모자라는 사람이 끝까지 남더구나
　　　　　　　　　　　　　　—「빛이 지나가다」 부분

어울려 서로 통하니/도로가 길이 되었다.
　　　　　　　　　　　　　　—「도로와 길」 부분

　이쯤에서 시에 관한 원론적인 논의를 짚고 넘어갔으면 싶다. 위에 인용한 구절에 이성적 잣대를 들이대면 큰 실수를 저지르는 것이다. 시를 논문이나 신문 기사처럼 대하는 것과 다르지 않다. 시는 '허구'를 통해 시적 진실을 드러낸다. 허구를 상상력이라고 해도 좋고 감수성이라고 해도 무방하다. '주변부가 중심을 살린다', '바보가 승리한다', '도로와 길은 다르다'와 같은 시적 진술은 과학적으로 설명되지 않는다. 시는 과학적 증명의 대상이 아니다. 시는 이성과 합리의 세계 너머에 산다(生). 여기에 시의 존재 이유, 시의 효용성이 있다. 우리는 아이스테시스(aisthesis), 즉 '감각(감응)에 의한 지각'을 알고 있다. 자크 랑시에르가 설파했듯이 시(예술)는 이성에 의한 지각을 요구하지 않는다. 시는 감각(느낌)에 의한 앎이다. 이런 앎이 우리의 삶과 세계를 아름답고 의미 있고 풍요롭게 만드는 데 기여한다.

우리는 이성에 의한 지각을 높이 평가하지만 실제 우리 인간은 감성적 지각을 우선한다. 인간은 '감정적 동물'이란 지적은 진리에 가깝다. 감정적 동물이 어울려 살아가는 사회도 마찬가지다. 사회적 동물은 곧 감정적 동물이다. 하지만 우리는 여전히 감정을 이성의 아래에 위치시키고, 이성의 힘으로 감정을 통제할 수 있다고 믿는다. 하지만 이것은 '과학적 진실'이 아니다. '코끼리 위에 올라탄 조련사'의 비유가 있다. 최근의 연구에 따르면, 코끼리 위에 올라앉은 조련사가 세계 최고 권위의 과학 저널에 실린 최신 논문을 읽고 있는 동안, 코끼리는 바나나가 어디에 있는지에 정신이 팔려있다는 것이다. 이때 조련사가 이성이고 코끼리는 감성이다. 우리 호모 사피엔스는 아직 감정에 대해 잘 알지 못한다.

 좋은 시를 판별하는 여러 기준 가운데 하나가 '감각 지각'이다. 독자의 감성을 자극해 독자로 하여금 세계감(世界感)을 깨닫도록 하는 시가 좋은 시다. 위 시에서 살펴보았듯이 정유경의 시는 감응을 통한 인식 지평의 확장, 즉 아이스테시스의 모범을 보여준다. 랑시에르의 관점을 빌리자면, 아이스테시스는 곧 정치(민주주의)와 직결된다. 독재 정권 치하의 민중은 감각 대상이 크게 제한된다. 멀리 갈 것도 없다. 박정희, 전두환 군사정권 시절의 검열을 떠올려보자. 듣고 싶은 노래를 듣지 못하고 입고 싶은 옷을 입지 못했으며 쓰고 싶은 글을 쓰지 못했다. 정치는 '감각의 분배'라는 주장에 동의한다면, 시의 사회적 기능은 더 강하게 요구된다. 시를 통해 감각적 지각 능력을 키워나가는 일은 문학의 위상을 높이는 것을 넘어 사회의 민주화를 위해서도 필수적이다.

4.

그렇다고 시가 전적으로 '감각 지각'에 호소해야 한다고 말하려는 것은 아니다. 이성적 지각의 힘을 무시하는 것은 바람직하지 않다. 좋은 시는 감성과 이성, 즉 이미지와 메시지 모두에 열려 있어야 한다. 정유경의 시는 사회 현실의 부조리에 예민한 촉수를 들이대면서 독자의 이성적 판단이 올바르게 작동하기를 기대한다. 4장 '목마르다'에서 시인은 생태 환경의 위기를 전면에 내세운다. '모든 진정한 시인은 심오한 생태학자'라는 김종철의 선구적 지적을 환기한다면, 정유경의 시는 생태적 상상력을 통해 '진정한 시'의 면모를 보여준다. 불산이 유출되어 사람이 죽었는데 "벌금 100만 원"을 내고 일단락짓는 사태(「끝」)에서 시인은 경제 논리에 사로잡힌 산업 자본주의의 민낯을 고발한다. 이 같은 야만성에 대한 시인의 예민한 반응의 발원지가 다름 아닌 '심오한 생태 감수성'일 것이다.

종교적 믿음에 따라 뱀장어를 방생하는 장면을 비판적으로 바라보는 시선(「감포 방생」)과 2009년 용산 남일당에서 스러져간 다섯 시민에 대한 애도(「성탄절」)는 서로 멀리 떨어져 있지 않다. 정유경의 사회적 상상력은 "천 개의 가시가 되어/어른들의 가슴을 찔러다오"라고 역설하며 세월호 참사를 안타까워하고(「애들아 용서하지 마라」), 베이비박스에 버려지는 영아의 앞날을 예감하거나(「하루에 한 아기가 베이비박스에 버려진다고」), 학교의 부당한 처사에 항의하는 학생들을 응원하고(「푸른 거울」), 급기야 모든 상품을 "섹시"하게 포장하는 것도 모자라 "지구"를 "섹시하게 디자인"하는 자본주의를 비판한다(「자본보안법」).

이처럼 정유경의 시는 감각적 지각에서 이성적 인식에 이르기까지 스펙트럼이 넓다. 자칫 주제 의식이 산만해 보일 수도 있지만, 시인의 폭넓은 시야가 내게는 남다른 미덕으로 보인다. 그의 시는 시야만 넓은 게 아니고 시력 또한 밝기 때문이다. 외부 사물에 초점을 정확히 맞춘다고 해서 시력이 높은 것은 아니다. 시선을 안으로 돌려 내면을 응시하는 능력, 즉 자기를 성찰하는 힘도 시력에 포함된다. 다음을 함께 읽어보자.

> 붙잡힌 줄 알았는데/붙잡고 있었구나
> ―「고백성사」 부분

> 눈물로 단단해진 빛 알갱이 몇 개/씨앗 속으로 들어가고 있다
> ―「가을 풍경」 부분

"붙잡힌 줄 알았는데 붙잡고 있었"다는 자각에서 우리는

행위 주체와 객체가 뒤바뀌는 장면을 목격한다. '붙잡힌 자'는 놓아줄 수 없고, '붙잡은 자'는 붙잡히기가 거의 불가능하다. 누가 주인이고 누가 노예인지 명확하게 파악하지 않는다면 사회적(정치적) 주체로서 정당한 권리를 주장할 수 없다. 외부 세계에 대한 분노와 비판은 이와 같은 자기 인식의 기반 위에서만 정당성을 가질 수 있다. 그리고 고통스런 현실에 대한 절망은 "눈물로 단단해"질 때 공감과 연민, 연대의 차원으로 올라선다. 비유컨대 "빛 알갱이"로 승화해 "씨앗 속으로 들어"가는 것인데 씨앗이란 무엇인가. 과거의 결실(응축)인 동시에 미래에 대한 기대(약속)가 아니던가. 씨앗은 오지 않은 미래이지만, 일정한 조건이 갖춰지면 반드시 발아한다. 씨앗은 새로운 시간이다. 씨앗은 생명의 연결이자 연속이고 온 우주가 동참하는 거대한 사건의 증거다. 그러니 씨앗보다 더 좋은 선물이 또 어디 있으랴.

5.

　　-이거, 파는 거예요?/-아니요, 시를 읽으시라고요/-아, 그러니까 자랑하는 거군요?/-아? 아, 예~
　　　　　　　　　　　　　　　　-「거리 시화전」 부분

시를 왜 쓰는가. 매번 답을 찾기가 곤혹스러운 질문이다. 최근 그럴듯한 답을 하나 마련했다. 누가 왜 쓰느냐고 물어오면 나는 '자랑하기 위해 쓴다'고 답한다. '자랑'이란 단어가 품위 있어 보이지는 않지만 본질적으로는 맞는 말이다(조지 오웰은 자기를 과시하기 위해 쓴다고 말했다고 한다). 시인이 새로운 그 무엇, 이전에 없었던 그 무엇을 발견하거나 발명하지 못한다면 그는 자랑거리가 없는 것이다. 다시 말해 '다른 인생'을 제시하지 못하니, 누군가에게 선물이 되지 못하는 것이다.

시는 의미를 발견하고 표현을 발명하는 창조적 행위인데 그런 시는 정유경의 「거리 시화전」에서처럼 "거리"에 있어야 한다. 밀실(사적 공간)과 광장(공적 공간)을 잇는 중간 지대가 거리다. '나'와 '너', 낮과 밤, 일과 놀이, 감정과 이성, 과거와 미래, 여기와 거기⋯ 시는 거리 즉 '사이'에 존재한다. 그리고 그 사이는 전적으로 시 읽기의 시간이다. 오직 읽기를 통해 독자와 시 사이에 형성되는 맥락과 관계가 시가 살아 있는 유일한 시간이자 장소다.

그렇다면 시는 왜 읽는 것인가. 다시 류시화 시인의 에세이로 돌아가보자. 류 시인은 자신의 산문집 도입부에 『나니아 연대기』의 작가가 남긴 말을 인용한다. "우리는 혼자가 아니라는 사실을 알기 위해 책을 읽는다." 그렇다. '나'는 혼자가 아니라는 엄연한 사실을 (재)확인하기 위해 시를 읽는다. 시를 읽는 시간은 내가 다른 존재와 연결되는 시간이다. 일상적(사회적) 시간에서 벗어나는 개별적 시간이자 유일무이한 시간(우주적 경험이라고 말하고 싶다)이다. 그렇다. 우리는 다른 인생을 만나기 위해, 선물을 받기 위해, 그리고 나 자신이 다른 인생이 되기 위해, 그리하여 누군가에게 선물이 되기 위해 시를 읽는다.

> 하느님께서는/왜/몸을 숨기시는지/알겠다//저 찬란한 나무 밑둥/어둠 속 뿌리 속에 계셔야/나무가 살거든//⋯(중략)⋯//빛나는 것은 내 것이고/어두운 것은 다 당신 몫이어서/그 어둠의 자비로/세상을 기르시니//당신의 몸은/보이지 않는 첫 시작에 있어/나는 당신을 보지 못하나/당신을 숨쉬고 있으니/당신/내 몸속을 휘돌아 흐르고/⋯(하략)⋯
> ―「하느님의 숨바꼭질」 부분

정유경 시의 지층 아래를 흐르는 영성에 관해 함께 생각해 보고 싶었는데 지면의 한계 때문에 다음 기회로 미룬다. 하지만 많이 아쉽지는 않다. 눈 밝은 독자라면 그의 시가 '거룩하고 영원하고 절대적인 그 무엇'과 연결되어 있음을 알 것이기 때문이다. 독자 여러분과 함께 연하리 시편이란 '다른 인생'을 만나게 되어 반갑고 고맙다. 부디 이 시집이 다른 누군가에게도 선물이 될 수 있기를 바라 마지않는다.

李文宰 | 시인, 전 경희대 후마니타스칼리지 교수

푸른사상 시선

1 광장으로 가는 길 | 이은봉·맹문재 엮음
2 오두막 황제 | 조재훈
3 첫눈 아침 | 이은봉
4 어쩌다가 도둑이 되었나요 | 이봉형
5 귀뚜라미 생포 작전 | 정원도
6 파랑도에 빠지다 | 심인숙
7 지붕의 등뼈 | 박승민
8 살찐 슬픔으로 돌아다니다 | 송유미
9 나를 두고 왔다 | 신승우
10 거룩한 그물 | 조항록
11 어둠의 얼굴 | 김석환
12 영화처럼 | 최희철
13 나는 너를 닮고 | 이선형
14 철새의 일인칭 | 서상규
15 죽은 물푸레나무에 대한 기억 | 권진희
16 봄에 덧나다 | 조혜영
17 무인 등대에서 휘파람 | 심창만
18 물결무늬 손뼈 화석 | 이종섶
19 맨드라미 꽃눈 | 김화정
20 그때 나는 학교에 있었다 | 박영희
21 달함지 | 이종수
22 수선집 근처 | 전다형
23 족보 | 이한걸
24 부평 4공단 여공 | 정세훈
25 음표들의 집 | 최기순
26 나는 지금 운전 중 | 윤석산
27 카페, 가난한 비 | 박석준
28 아내의 수사법 | 권혁소
29 그리움에는 바퀴가 달려 있다 | 김광렬
30 올랜도 간다 | 한혜영
31 오래된 숯가마 | 홍성운
32 엄마, 엄마들 | 성향숙
33 기룬 어린 양들 | 맹문재
34 반국 노래자랑 | 정춘근
35 여우비 간다 | 정진경
36 목련 미용실 | 이순주
37 세상을 박음질하다 | 정연홍
38 나는 지금 외출 중 | 문영규
39 안녕, 딜레마 | 정운희
40 미안하다 | 육봉수
41 엄마의 연애 | 유희주
42 외포리의 갈매기 | 강 민
43 기차 아래 사랑법 | 박관서
44 괜찮아 | 최ుঁ묵
45 우리집에 왜 왔니? | 박미라
46 달팽이 뿔 | 김준태
47 세온도를 그리다 | 정선호
48 너덜겅 편지 | 김 완
49 찬란한 봄날 | 김유섭
50 웃기는 짬뽕 | 신미균
51 일인분이 일인분에게 | 김은정
52 진뫼로 간다 | 김도수
53 터무니 있다 | 오승철
54 바람의 구문론 | 이종섶
55 나는 나의 어머니가 되어 | 고현혜
56 천만년이 내린다 | 유승도
57 우포늪 | 손남숙
58 봄들에서 | 정일남
59 사람이나 꽃이나 | 채상근
60 서리꽃은 왜 유리창에 피는가 | 임 윤
61 마당 깊은 꽃집 | 이주희
62 모래 마을에서 | 김광렬
63 나는 소금쟁이다 | 조계숙
64 역사를 외다 | 윤기묵
65 돌의 연가 | 김석환
66 숲 거울 | 차옥혜
67 마네킹도 옷을 갈아입는다 | 정대호
68 별자리 | 박경조
69 눈물도 때로는 희망 | 조선남
70 슬픈 레미콘 | 조 원
71 여기 아닌 곳 | 조항록
72 고래는 왜 강에서 죽었을까 | 제리안
73 한생을 톡 토독 | 공혜경
74 고갯길의 신화 | 김종상
75 고개 숙인 모든 것 | 박노식
76 너를 놓치다 | 정일관
77 눈 뜨는 달력 | 김 선
78 거꾸로 서서 생각합니다 | 송정섭
79 시절을 털다 | 김금희
80 발에 차이는 돌도 경전이다 | 김윤현

81	**성규의 집**	정진남	
82	**벌함 공원에서 점을 보다**	정선호	
83	**내일은 무지개**	김광렬	
84	**빗방울 화석**	원종태	
85	**동백꽃 편지**	김종숙	
86	**달의 알리바이**	김춘남	
87	**사랑할 게 딱 하나만 있어라**	김형미	
88	**건너가는 시간**	김황흠	
89	**호박꽃 엄마**	유순예	
90	**아버지의 귀**	박원희	
91	**금왕을 찾아가며**	전병호	
92	**그대도 내겐 바람이다**	임미리	
93	**불가능을 검색한다**	이인호	
94	**너를 사랑하는 힘**	안효희	
95	**늦게나마 고마웠습니다**	이은래	
96	**버릴까**	홍성운	
97	**사막의 사랑**	강계순	
98	**베트남, 내가 두고 온 나라**	김태수	
99	**다시 첫사랑을 노래하다**	신동원	
100	**즐거운 광장**	백무산·맹문재 엮음	
101	**피어라 모든 시낭**	김자흔	
102	**염소와 꽃잎**	유진택	
103	**소란이 환하다**	유희주	
104	**생리대 사회학**	안준철	
105	**동태**	박상화	
106	**새벽에 깨어**	여국현	
107	**씨앗의 노래**	차옥혜	
108	**한 잎**	권정수	
109	**촛불을 든 아들에게**	김창규	
110	**얼굴, 잘 모르겠네**	이복자	
111	**너도꽃나무**	김미선	
112	**공중에 갇히다**	김덕근	
113	**새점을 치는 저녁**	주영국	
114	**노을의 시**	권서각	
115	**가로수의 수학 시간**	오새미	
116	**염소가 아니어서 다행이야**	성향숙	
117	**마지막 버스에서**	허윤설	
118	**장생포에서**	황주경	
119	**흰 말채나무의 시간**	최기순	
120	**을의 소심함에 대한 옹호**	김민휴	
121	**격렬한 대화**	강태승	
122	**시인은 무엇으로 사는가**	강세환	
123	**연두는 모른다**	조규남	
124	**시간의 색깔은 자신이 지향하는 빛깔로 간다**	박석준	
125	**뼈의 노래**	김기홍	
126	**가끔은 길이 없어도 가야 할 때가 있다**	정대호	
127	**중심은 비어 있었다**	조성웅	
128	**꽃나무가 중얼거렸다**	신준수	
129	**헬리패드에 서서**	김용아	
130	**유랑하는 달팽이**	이기헌	
131	**수제비 먹으러 가자는 말**	이명윤	
132	**단풍 콩잎 가족**	이 철	
133	**먼 길을 돌아왔네**	서숙희	
134	**새의 식사**	김옥숙	
135	**사북 골목에서**	맹문재	
136	**왜 네가 아니면 전부가 아닌지**	정운희	
137	**멸종위기종**	원종태	
138	**프엉꽃이 데려온 여름**	박경자	
139	**물소의 춤**	강혜숙	
140	**목포, 에말이요**	최기종	
141	**식물성 구체시**	고 원	
142	**꼬치 아파**	윤임수	
143	**아득한 집**	김정원	
144	**여기가 막장이다**	정연수	
145	**곡선을 기르다**	오새미	
146	**사랑이 가끔 나를 애인이라고 부른다**	서화성	
147	**더글러스 퍼 널빤지에게**	백수인	
148	**나는 누구의 바깥에 서 있는 걸까**	박은주	
149	**풀이라서 다행이다**	한영희	
150	**가슴을 재다**	박설희	
151	**나무에 기대다**	안준철	
152	**속삭거려도 다 알아**	유순예	
153	**중딩들**	이봉환	
154	**수평은 동무가 참 많다**	김정원	
155	**황금 언덕의 시**	김은정	
156	**고요한 세계**	유국환	
157	**마스카라 지운 초승달**	권위상	
158	**수궁가 한 대목처럼**	장우원	
159	**목련 그늘**	조용환	
160	**그대라면, 무슨 부탁부터 하겠는가**	박경조	
161	**동행**	박시교	
162	**광부의 하늘이 무너졌다**	성희직	
163	**천년에 아흔아홉 번**	김려원	
164	**이별 후에 동네 한 바퀴**	이인호	
165	**무릉별유천지 사람들**	이애리	
166	**오늘의 지층**	조숙향	

167 **오른쪽 주머니에 사탕 있는 남자 찾기** | 김임선
168 **소리들** | 정 온
169 **울음의 기원** | 강태승
170 **눈 맑은 낙타를 만났다** | 함진원
171 **도살된 황소를 위한 기도** | 김옥성
172 **그날의 빨강** | 신수옥
173 **의지와 표상으로서의 세계이니** | 박석준
174 **촛불 하나가 등대처럼** | 윤기묵
175 **목을 꺾어 슬픔을 죽이다** | 김이하
176 **미시령** | 김 림
177 **소나무 방정식** | 오새미
178 **골목 수집가** | 추필숙
179 **지워진 길** | 임 윤
180 **달이 파먹다 남은 밤은 캄캄하다** | 조미희
181 **꽃도 서성일 시간이 필요하다** | 안준철
182 **안산행 열차를 기다린다** | 박봉규
183 **읽기 쉬운 마음** | 박병란
184 **그림자를 옮기는 시간** | 이미화
185 **햇볕 그 햇볕** | 황성용
186 **내가 지켜내려 했던 것들이 나를 지키고** | 김용아
187 **신을 잃어버렸어요** | 이성혜
188 **웃음과 울음 사이** | 윤재훈
189 **그 길이 불편하다** | 조혜영
190 **귤과 달과 그토록 많은 날들 속에서** | 홍순영
191 **버려진 말들 사이를 걷다** | 봉윤숙
192 **나는 그를 지우지 못한다** | 정원도
193 **시인 안에 북적이는 찌꺼기들** | 최일화
194 **세렝게티의 자비** | 전해윤
195 **고양이의 저녁** | 박원희
196 **고요한 세상의 쓸쓸함은 물밑 한 뼘 어디쯤일까** | 금시아
197 **순포라는 당신** | 이애리
198 **고요한 노동** | 정세훈
199 **별** | 정일관
200 **시간의 색깔은 꽃나무처럼 환하다** | 백무산·맹문재 엮음
201 **꽃에 쏘였다** | 이혜순
202 **우수와 오수 사이** | 이 윤
203 **열렬한 심혈관** | 양선주
204 **머문 날들이 많았다** | 박현우
205 **죄의 바탕과 바다** | 강태승
206 **곰팡이도 꽃이다** | 윤기묵
207 **지팡이는 자꾸만 아버지를 껴입어** | 이혜민
208 **진뫼 오리길** | 김도수

연하리를 닮다

정유경 시집